LOS OBJETOS QUE NO SON SERES VIVOS

Marla Conn y Alma Patricia Ramirez

Glosario de fotografías

 **libro**

 **carro**

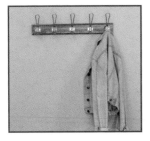 **gancho**

 frasco

 roca

 calcetín

Una **roca** no es un ser vivo.

roca

Un **calcetín** no es un ser vivo.

calcetín

Un **libro** no es un ser vivo.

book

Un **gancho** no es un ser vivo.

gancho

Un carro no es un ser vivo.

Un frasco no es un ser vivo.

Actividad

1. Nombra todos los objetos que no son seres vivos en la historia.

2. Crea una tabla con la idea principal y los detalles en una hoja de papel.

Objetos que no son seres vivos

3. ¿Qué tienen en común todos los objetos que no son seres vivos en la historia?

4. ¿En qué se diferencian los objetos que no son seres vivos?

5. ¿Cuáles son otros objetos que no son seres vivos que están cerca de ti ahora?

6. Piensa en un objeto que no es un ser vivo que rime con gato y pato. Haz un dibujo y escribe una oración.

Acerca del autor

Marla Conn es una educadora, especialista en lectoescritura y escritora. ¡Ha leído más de 1,000 libros! Marla cree que enseñar a leer a los niños es un regalo que abre un mundo ilimitado de posibilidades. A ella también le gusta pasar tiempo con su familia y sus perros y visitar nuevos lugares.

Acerca del diseñador del libro

A Rhea Magaro-Wallace siempre le han gustado los libros con hermosas fotografías. Cuando no está diseñando libros Rhea disfruta surfear con sus cinco hijos aventureros y tomar fotografías en la playa.

PHOTO CREDITS: Cover, page 1: ©vlalexander; pages 4-5: ©urbazon; pages 6-7: ©ConstantionsZ; pages 8-9: ©Rawpixel.com; pages10-11: ©Wavebreakmedia; pages 12-13: ©Arand; pages14-15: ©akiyoko]

Library of Congress PCN Data
Objetos que no son seres vivos / Marla Conn
(Listos para las ciencias)
ISBN 978-1-73164-917-1 (hard cover)(alk. paper)
ISBN 978-1-73164-865-5 (soft cover)
ISBN 978-1-73164-969-0 (e-Book)
ISBN 978-1-73165-021-4 (e-Pub)
Library of Congress Control Number: 2021935451

Portada y diseño de interiores: Rhea Magaro-Wallace
Traducción: Alma Patricia Ramirez

Printed in the United States of America
01-1872111937

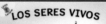 Ciencias biológicas

Los objetos que no son seres vivos
¿Cuál es un objeto que no es un ser vivo?
¿Un carroo un gato?

Los libros en la serie *Listos para las ciencias* incluyen:

Puedo saltar

Puedo correr

Puedo nadar

Los seres vivos

Los objetos que no son seres vivos

¡Jálalo!

¡Empújalo!

Máquinas simples

¡El agua está en todos lados!

¿Qué es un sólido?

Educational Media
rourkeeducationalmedia.com

A Division of
Carson Dellosa Education

ISBN-13: 978-1-73164-865-5

9 781731 648655

 NEXT GENERATION
SCIENCE
STANDARDS

Lector emergente

Guided Reading Level: A

Estándar de ciencias de la siguiente generación
K-PS3 Energía

ANIMALS NEED SHELTER

Ready
for
Science

MARLA CONN

Dear Parent and Educator,

Rourke's **Ready for Science** readers guide young children toward rich literacy opportunities as they wonder, discover, and explore their natural world.

Level B texts provide opportunities for emergent readers to practice awareness of print, visual scanning, combining sounds and symbols to form words, analyzing sentence structure, and deriving meaning from written messages.

Encourage emerging readers to:

- Reread and think about words that make sense
- Use picture clues
- Stop at punctuation marks
- Sound out words; look at beginning sounds, chunks, and smaller words within words
- Identify high frequency words/sight words

Using Nonfiction Level B Texts with Beginning Readers

1. Read the title, discuss the cover illustration, and make predictions.
2. Discuss the role of the author and illustrator.
3. Take a picture walk through the story.
4. Highlight new concepts and vocabulary from the glossary.
5. Model language patterns and print concepts.
6. Ask focus questions about the main idea and details.
7. Have students read silently.
8. Discuss the meaning of the text.
9. Invite students to read aloud.
10. Write about the book.

This **Ready for Science** reader gives beginning readers access to appropriate leveled text as they build knowledge and extend their curiosity about the world around them. As they build proficient literacy skills, children will develop an understanding of life science that involves the study of animals, people, and their relationship to the environment.

Happy Reading,
Marla Conn